Décembre 2013

Organisations Non Gouvernementales

**Les nouveaux mécanismes de
mobilisation des fonds à distance**

Recherche Action

« **Les ONG et la mobilisation des fonds à distance** »

Hicham ABDEDINE

RESUME

Ce travail constitue un regard sur les notions fondamentales de la collecte de fonds pour les Organisations de Solidarité Internationales et nationales.

Il s'agit d'une recherche action qui met la lumière sur le rôle et la démarche de collecte de fonds pour les ONG afin de maintenir leur existence et pérenniser leurs actions de terrain.

Ainsi, ce document apporte des éléments essentiels pour rendre la collecte de fonds efficace, durable et pertinente...

Les œuvres caritatives ou encore de bienfaisance qui sont d'ailleurs à but non lucratif, développent des projets d'intérêt public. Pour pouvoir assurer leur mission à long terme, ces organisations se trouvent dans le besoin de disposer de ressources financières régulières.

Ces dernières proviennent de sources diverses : gouvernements, fondations, entreprises ou particuliers. L'expression anglaise « Fundraising » ou levée de fonds est largement utilisée sur le plan international. « Fundraising » signifie rassembler des capitaux. Dans les associations caritatives, on parle plutôt de collecte de dons. Il s'agit simplement d'élaborer une stratégie de communication efficace afin de disposer des moyens financiers nécessaires.

1) Les outils du Fundraising

Il y a divers moyens pour collecter des fonds et fidéliser les généreux donateurs. L'image et la présentation de votre organisation ainsi que la relation issue du dialogue personnalisé jouent un rôle primordial pour tisser un lien relationnel avec les donateurs.

Il existe plusieurs façons de collecter des dons :

Parmi les moyens classiques, citons notamment l'envoi d'un courrier ou mailing, la collecte de dons dans les lieux publics, le contact direct par téléphone, les parrainages, les legs testamentaires, les dons octroyés par des entreprises, les subventions étatiques, le financement par le biais de fonds cantonaux, de la Loterie Romande, les manifestations sportives ou culturelles, la vente de produits divers, les dons par Internet ou par SMS. Autant de sources de financement possibles qui peuvent assurer le financement des ONG lorsqu'elles sont bien exploitées.

2) La logique du Don

On entend par un Don, le versement d'une somme d'argent en faveur d'une cause humaine sans attente d'une contre partie.

Pour effectuer régulièrement des dons, les donateurs doivent être convaincus du bien-fondé de l'association qu'ils soutiennent. Pour cela, il est essentiel de fidéliser le donateur en l'informant régulièrement des projets de l'organisation de ses activités et plus particulièrement ses résultats atteints. Le suivi des plus généreux parmi les donateurs est très important. Ce travail nécessite beaucoup d'attention et de ressources humaines, une abondante correspondance et une relation personnelle suivie durant de nombreuses années, l'envoi de lettres de remerciement de revues traçant les réalisations. L'obtention de dons importants nécessite une relation durable et respectueuse envers les généreux donateurs.

3) Le Sponsoring et le Mécénat

Le sponsoring se différencie du mécénat, car il implique des prestations accordées en retour. L'entreprise sponsor exige en retour une certaine visibilité (mention du logo de l'entreprise) dans les supports de communication, ici il s'agit d'une publicité cachée derrière les valeurs humaines ou encore pour que l'entreprise acquiert la RSE (Responsabilité Sociale et Environnementale).

Ainsi, par des engagements de sponsoring, l'entreprise vise à augmenter ou améliorer son capital sympathie et consolider son image de marque auprès de ses clients ou partenaires.

4) Les relations publiques

Les relations publiques servent à valoriser l'image de l'organisation auprès du grand public. Le résultat des activités fundraising dépend étroitement des relations publiques et de l'image que l'organisation sera parvenue à donner d'elle-même.

5) Pérennisation de la relation avec les donateurs

Le Don en question n'est pas suffisant. Il est essentiel d'instaurer une relation exclusive et durable entre l'organisation et les donateurs de façon à garantir la permanence des fonds ainsi que la survie de l'action humanitaire.

Le succès d'une stratégie fundraising de qualité dépend surtout des relations personnelles que la direction d'une organisation peut tisser avec les donateurs. En effet, créer une certaine complicité entre généreux donateurs et responsables d'une organisation permet d'établir des liens solides et durables.

Le plus important est d'établir des relations suivies avec les donateurs réguliers, ainsi que ceux qui versent des dons substantiels. Les donateurs qui nous font confiance se montrant généralement plus généreux. Au vu de notre expérience, la plupart des dons généreux proviennent à hauteur de 20 % de donateurs réguliers.

6) Le discours personnalisé

Le discours personnalisé représente la meilleure manière de convaincre donateurs potentiels. Dans le cadre d'une campagne téléphonique, la probabilité d'obtenir un don augmente dès lors que les interlocuteurs se connaissent effectivement. La personne qui contacte le donateur doit gérer la situation en suivant un scénario strict et pouvoir réagir en conséquence. Cela exige beaucoup de tact, surtout lorsqu'il s'agit de se renseigner sur le montant éventuel que le donateur serait prêt à verser.

7) Comment fonctionne la collecte de don par téléphone ?

Le dialogue par téléphone est l'un des moyens les plus efficaces pour motiver une personne à effectuer un don en faveur d'une association caritative. L'appel téléphonique rapproche les gens car la conversation permet de comprendre et d'évaluer rapidement l'état d'esprit des interlocuteurs. La transmission d'informations concernant l'organisation s'en trouve facilitée. Ainsi, les donateurs potentiels seront-ils *plus prompts* à accéder aux requêtes de l'organisation.

Le fundraising par téléphone offre de nombreux avantages : grâce à la relation directe que permet la communication verbale, il est plus facile de présenter et de clarifier les projets, ainsi que les objectifs de l'organisation. Par ailleurs, l'entretien téléphonique est le meilleur moyen de connaître l'opinion des gens et répondre aux questions éventuelles.

La préparation d'une campagne téléphonique exige au préalable l'élaboration d'un protocole détaillé du contenu des conversations téléphoniques. Cela permet d'anticiper les réponses favorables à un don, les compliments ou les critiques éventuelles et de réagir plus rapidement aux questions des donateurs.

8) Les avantages de la collection de dons par téléphone

20 années d'expérience dans ce domaine nous montrent que la communication par téléphone n'a rien perdu de son attrait. Car le téléphone révèle l'ensemble de la subtile palette et la richesse des relations humaines et permet une souplesse et une créativité quasi illimitées.

9) Des méthodes diversifiées

Le Fundraising par téléphone est idéal lorsqu'on vise les objectifs suivants :

- prélèvement automatiques des dons sur un compte bancaire autorisé,

- fidélisation du donateur,
- relance des donateurs inactifs,

- actualiser les coordonnées des donateurs effectifs ou potentiels,

- exprimer sa gratitude envers les gens ayant versé d'importantes sommes,

- renforcer l'impact lorsqu'il est question de proposer un parrainage.

Même au cours d'une campagne d'acquisition de nouveaux donateurs, le téléphone s'avère vraiment efficace. Un rapide sondage téléphonique dévoilera rapidement le tournant que prendra une campagne. Si l'organisation souhaite apporter quelques modifications au scénario, celles-ci pourront être immédiatement appliquées. Dans le cas où la campagne ne rencontrerait pas le succès escompté, il est également possible de renoncer aux entretiens téléphoniques. Notre garantie de déficit vous évite tout risque de dépenses inutiles.

10) Planification professionnelle comme gage de succès

Le Fundraising englobe des caractéristiques très spécifiques du système d'acquisition à différents niveaux. La part la plus importante des associations caritatives développent et organisent les différentes étapes indispensables au succès de la campagne téléphonique.

- *La répartition/disposition des tâches* : Voici les éléments qui garantissent une bonne préparation : lettre envoyée avant le début de la campagne téléphonique, rédaction du script, étude approfondie des questions les plus souvent posées par les donateurs, recherche des numéros de téléphone, phases de test, travail de présélection des adresses, gestion de la base de données, administration comparative des adresses, briefing des téléphonistes et collaborateurs de l'organisation cliente et pour finir, confirmation de la campagne/conditions du contrat.

- *Les appels* : Nous apportons une attention particulière à la coordination, la qualité et l'aboutissement des appels téléphoniques, ainsi qu'à la motivation de nos employés, à l'adéquation des scripts ainsi qu'aux statistiques des résultats des appels.

- *Le suivi* : Nous attachons un soin particulier au style de rédaction du courrier, nous y rajoutons des précisions et transmettons nos remarques ou questions éventuelles. Enfin, nous comptabilisons les adresses et rédigeons des rapports finaux.

- *L'acquisition de donateurs* via les appels téléphoniques exige toutefois un certain investissement pour être rentable. Les téléphonistes sont conscients qu'un don dépend de la qualité d'une conversation. Parfois une conversation prolongée s'avère nécessaire pour une conclusion positive d'un appel téléphonique. L'impact d'un appel téléphonique compte énormément pour fidéliser les donateurs. L'émotion créée au cours de la conversation est essentielle dans l'acte du don.

11) Accroître les dons de vos donateurs

Il n'y a pas plus gratifiant qu'une conversation téléphonique réussie aboutissant à l'obtention d'un don de la part de fidèles donateurs. Les personnes contactées sont ravies de communiquer avec l'organisation qu'elles soutiennent et éprouvent de la reconnaissance et de la gratitude envers cette dernière. Souvent, ces donateurs versent volontiers une somme régulière à leur association en faisant usage du recouvrement bancaire direct ou par le Débit de la poste. Ce système jouit donc d'un accueil favorable auprès des fidèles donatrices et donateurs.

12) La réussite réside dans des liens semblables à l'amitié

Obtenir une promesse de dons de la part de vos donateurs n'est pas chose aisée. En effet, ces relations délicates requièrent une attention particulière englobant des instruments de marketing tels que lettres de remerciements, invitations à des événements, rapports écrits sur les campagnes, et, périodiquement, contacts téléphoniques. Une approche intelligente et suivie de ce segment de donateurs permet de les fidéliser et de favoriser un don de leur part. On estime à 70% le nombre de dons en provenance des donateurs liés à une organisation.

13) **Réactivation de donateurs et donatrices « inactifs »**

Le secret du marketing dans le secteur des dons réside dans une gestion correcte des fichiers d'adresses des donateurs réguliers. Par leurs dons, ces derniers ont démontré leur intérêt envers une organisation et leur disposition à soutenir ses projets. L'envoi d'une ou deux lettres vise à relancer leur sollicitude ainsi qu'à fournir des informations actuelles sur l'organisation. Cette démarche génère également des dons. Nous constatons que parmi les contacts d'une base de données, un certain nombre d'entre eux n'ont plus versé de dons depuis plus de 18 voire 36 mois. C'est ce secteur qu'il s'agit de gérer au mieux car ces personnes ont démontré par le passé un intérêt certain. Il serait donc dommage de les perdre. Mais comment récupérer ces anciens donateurs ?

14) Le Fundraising par le biais du téléphone

Notre expérience démontre que le fait de renouer le dialogue par téléphone est efficace vu que 80% des donateurs peuvent être joints par téléphone. Au cours du dialogue téléphonique, les causes de refus sont rapidement établies et les malentendus écartés. Quelque 60 % des personnes jointes par téléphone accèdent à la demande d'un renouvèlement de dons. Par ailleurs, les personnes qui n'ont pas pu être jointes, ou les refus catégoriques, représentent 50% des contacts que l'on peut ensuite rayer de la liste. Ce tri d'adresses permet de supprimer tout investissement superflu dans des contacts inactifs. Avec tous les autres par contre, le dialogue peut être renoué. Les statistiques démontrent que 55% à 65% d'entre eux sont prêts à renouveler leur statut de membre.

Les recettes nettes d'une campagne de collecte de dons par téléphone auprès des donatrices et donateurs non actifs sont par la force des choses moins importantes que celles obtenues en faisant appel aux actifs à ce jour –cependant, même ce segment peut se révéler intéressant!

15) Recherche ciblée de nouveaux donateurs

Chaque association caritative fait l'expérience de la diminution de donateurs fidèles. En se penchant sur cette question, on peut constater que les causes en sont diverses : décès, déménagement, désintérêt, etc. Pour acquérir de nouveaux donateurs, il faut s'adresser aux jeunes générations, lesquelles deviendront les futurs donateurs, et tenter de gagner leur appui.

16) Bonnes pratiques et conseils aux ONG pour collecter des dons en ligne

- **Choisissez un prestataire de collecte de dons qui embrasse le Web 2.0**

De PayPal à Google Checkout, en passant par JustGive et Network for Good outre-altantique, izi-collecte, aiderenligne ou aiderdonner en France, il y a pléthore de fournisseurs qui peuvent traiter les dons pour votre organisation. Les frais de traitement vont de 2,9% à 4,75%. De tous ces fournisseurs, **Network for Good a ouvert la voie à l'adoption des outils Web 2.0** de collecte de fonds. Si quelqu'un fait un don à votre association via Facebook Causes, Change.org ou Razoo, le don est traité par Network for Good.

- **Placez un bouton "Faire un don" grand et coloré sur votre page « Soutenez-nous !»**

Les donateurs en ligne répondent bien aux boutons. Un lien « Donnez maintenant » n'est pas suffisant. Votre prestataire vous fournira un bouton ou si vous avez un graphiste, vous pouvez créer un **bouton personnalisé** qui le reliera directement à votre page de don. Pour voir un exemple, consultez la section «Je donne» sur le site de la Croix Rouge. Notez également l'argument de sécurité.

- **Ajoutez un bouton "Faire un don" sur chaque page de votre site web**

Si possible, ajoutez un lien «Faire un don» à chaque page de votre site web. Médecins du monde a fait ce choix. Il faut réduire les risques de changement d'avis ou de perte du donateur. Ce lien doit diriger vers une page qui énumère les **nombreuses façons** pour un futur donateur de faire un don à votre organisation.

- **Le bouton "Faire un don" doit être relié directement à une page web qui demande les informations de contact et de carte de crédit**

Lorsqu'un sympathisant visite votre site et clique sur "Donnez", le lien doit aller **directement à la page où les donateurs entrent leurs informations de contact et de leur carte de crédit.** Le bouton « Donnez » ne devrait jamais conduire un donateur à une page générique sous peine de décevoir et de risquer une perte de donateurs.

- **Ajouter un "Faire un don" à votre page Facebook**

En utilisant l'application Static FBML sur Facebook, vous pouvez **ajouter un onglet ou un bouton "Don" sur votre page Facebook.** Avec quelques connaissances en html, vous pouvez facilement ajouter un "Don" sur votre page Facebook qui relie directement à la page don de votre site web ou qui permet un don directement comme pour la page Reporters Sans Frontières.

Facebook n'est pas l'outil le plus adapté au don mais il a l'avantage d'être très grand public. Vous pouvez également créer un lien vers Causes.

- **Perfectionnez votre page "don" pour la rendre efficace et attrayante.**

Il est nécessaire d'avoir une page «don» [Donner / Soutenez notre travail] qui inclut des informations sur les **différentes manières pour un donateur de faire un don**. Restez simple et clair comme pour la page de <u>Médecins du monde</u> par exemple. Assurez-vous que le bouton "Donner" a priorité sur la page.

- **Assurez-vous que votre page "don" comprend une adresse postale**

Beaucoup de gens continuent d'émettre des chèques pour les dons. Pourtant de nombreuses ONG font l'erreur de ne pas inclure sur leur page « don » une adresse postale. La page "contact" n'est pas suffisante puisque les donateurs potentiels risquent de se demander si c'est la bonne adresse postale pour faire des dons.

- **Ne jamais exiger un numéro de téléphone pour faire un don en ligne**

Cette exigence détourne de nombreux donateurs en ligne. Si vous voulez demander au donateur de vous abonner à votre liste d'alertes par SMS, proposez-le comme une option ou sur la page de remerciement après le don, mais il ne faut en aucun cas faire de l'inscription de son numéro de téléphone une exigence. Voir par exemple Oxfam.

- **Mettez en avant les dons récurrents et les programmes de Soutien**

JustGive et Network for Good permettent aux donateurs de programmer des **dons récurrents** du montant de leur choix. Une fois signés, de nombreux donateurs continueront à donner pendant des années. La Humane Society est un bon exemple d'encouragement aux dons mensuels. Médecins Sans Frontières propose 1 € par semaine dès sa page d'accueil et a mis en place un site dédié.

En outre, de nombreuses ONG lancent des programmes de soutien et font apparaître cela sur leur site web, dans leur newsletter, sur leur blog, leur page Facebook et leur compte Twitter. Les adhésions à des programmes se développent lentement, surtout au début, mais peuvent devenir une source constante d'un revenu régulier pour votre organisation.

- **Offrez la possibilité de faire un don au nom de quelqu'un**

Encore une fois, JustGive et Network for Good permettent aux donateurs de **donner au nom de quelqu'un**. Cette fonctionnalité, très fréquente dans les pays anglo-saxons, l'est moins en France. Elle est pourtant très utile notamment au moment des fêtes où beaucoup préfèreraient faire un don au nom de quelqu'un plutôt que d'acheter un nouveau cadeau inutile à 20 €. Cela peut également être une idée pour les mariages, les anniversaires... L'astuce est de mettre en avant ce dispositif sur votre site web, newsletter, blog et autres points de présence en ligne. Vous aurez aussi besoin de **cartes-cadeaux** à envoyer aux destinataires. Commencez petit et achetez juste quelques jolies cartes dans une papeterie.

- **Ajoutez des boutons Facebook, Twitter, YouTube à votre page de remerciement**

Après qu'un donateur a fait un don en ligne sur votre site, il atterrit habituellement sur une page "Merci pour votre don !". Assurez-vous que la page a aussi **des liens vers les réseaux sociaux**. Expliquez que cela peut permettre de **rester informé** sur le travail de votre organisation et les progrès réalisés.

Sur ce point, il est évident que les médias sociaux, dans la mesure où ils permettent de nouvelles possibilités d'accéder au donateur, exigent du même coup de repenser la communication sur les projets terrain menés sur ces médias sociaux. C'est alors toute la production d'information sur les projets qui doit être repensée et réorganisée.

- **Le mailing, ça marche !**

N'oubliez pas le **mailing**, certes peu sexy, mais qui fonctionne très bien. Si la communauté est active et le ciblage précis, le taux de conversion peut être très efficace. Le mailing peut permettre de mettre en avant des situations d'urgence et de **mobiliser** rapidement. N'oubliez pas que tout le monde n'est pas actif sur les réseaux sociaux.

- **Expliquer comment seront utilisés les fonds**

La transparence encourage les donateurs. MSF présente ainsi comment 1 € va être utilisé. Handicap International, pour encourager des dons importants, met en avant ce qu'une somme permet de faire : 7 € suffisent pour offrir une prothèse à un enfant, 50 € pour une prothèse plus une rééducation, 100 € pour une prothèse plus une rééducation et un kit scolaire. Le Secours populaire va même jusqu'à proposer de choisir l'affectation du don.

- **Vos sympathisants collectent pour vous (crowdfunding en anglais)**

Sur le web comme dans la vie, **les sympathisants sont les premiers porte-paroles des associations.** Le web social encourage et s'appuie sur cela. Tweetez des messages et faites-vous retweeter. Encouragez le partage sur Facebook. Créez des widgets pour les blogueurs ou ceux qui ont un site. Faites même participer les sympathisants à des campagnes virales. Par exemple, le Téléthon a lancé en 2007 « Tel est ton cœur » avec comme but de devenir la vidéo virale la plus longue du monde. On peut également impliquer ces sympathisants dans des événements comme pour la course des héros en leur permettant de s'approprier l'événement, de collecter pour une association et de diffuser le message.

CONCLUSION

La meilleure méthode pour solliciter de potentiels donateurs est d'être présents lors de manifestations diverses avec un stand qui expose et décrit les activités de l'organisation. Il est également possible d'envoyer des mailings (publipostages) à des personnes sensées avoir une affinité avec l'organisation. Cependant ces courriers ne garantissent pas un taux de réponse très élevé. Il s'agit d'adresses dites « froides » et dont on ignore la réaction. On constate ces dernières années une stagnation dans les résultats des mailings et une difficulté à trouver de nouveaux donateurs sur ce marché saturé.

Le contact téléphonique révèle par contre toute son efficacité car il permet d'élargir le cercle de personnes prêtes à s'engager durablement envers l'organisation. Même si le début d'une campagne s'avère ardue, il vaut la peine de persévérer car la qualité des entretiens peut s'avérer très prometteuse par la suite.

BIBLIOGRAPHIE

- Marketing et communication des associations, Karine Gallopel-Morvan, Pierre Birambeau, Fabrice Larceneux, Sophie Rieunier, 2ème édition Dunod, 2013, 22 p.

- Le marketing des associations caritatives, Héloïse BARBIER, étude franco/allemande, 2005, 89 p.

- La prospection postale et téléphonique, Commission Nationale de l'Informatique et des Libertés CNIL, édition mars 2014.

- Les financements innovants des associations et fondations: État des lieux et perspectives, France générosités, Décembre 2013, 57 p.

- Guide de collecte de fonds pour les volontaires du programme UNITERRA.